AGENDA ETUDIANT 2019-2020

CE PLANIFICATEUR APPARTIENT À:

NOM:

ANNIVERSAIRE:

ADRESSE:

CODE POSTAL:

MOBILE NUMÉRO: EMAIL:

ÉCOLE: CLASSE:

MES CONTACTS

NOM	NOM
ADRESSE	ADRESSE
EMAIL	EMAIL
HANDY	HANDY

NOM	NOM
ADRESSE	ADRESSE
EMAIL	EMAIL
HANDY	HANDY

NOM	NOM
ADRESSE	ADRESSE
EMAIL	EMAIL
HANDY	HANDY

NOM	NOM
ADRESSE	ADRESSE
EMAIL	EMAIL
HANDY	HANDY

NOM	NOM
ADRESSE	ADRESSE
EMAIL	EMAIL
HANDY	HANDY

NOM	NOM
ADRESSE	ADRESSE
EMAIL	EMAIL
HANDY	HANDY

NOM	NOM
ADRESSE	ADRESSE
EMAIL	EMAIL
HANDY	HANDY

NOM	NOM
ADRESSE	ADRESSE
EMAIL	EMAIL
HANDY	HANDY

MES OBJECTIFS

ANNIVERSAIRES

NOM	DATE	DATE	NOM

JAN 2019

LU	MA	ME	JE	VE	SA	DI
	1	2	3	4	5	6
7	8	9	10	11	12	13
14	15	16	17	18	19	20
21	22	23	24	25	26	27
28	29	30	31			

FÉV 2019

LU	MA	ME	JE	VE	SA	DI
				1	2	3
4	5	6	7	8	9	10
11	12	13	14	15	16	17
18	19	20	21	22	23	24
25	26	27	28			

MAR 2019

LU	MA	ME	JE	VE	SA	DI
				1	2	3
4	5	6	7	8	9	10
11	12	13	14	15	16	17
18	19	20	21	22	23	24
25	26	27	28	29	30	31

AVR 2019

LU	MA	ME	JE	VE	SA	DI
1	2	3	4	5	6	7
8	9	10	11	12	13	14
15	16	17	18	19	20	21
22	23	24	25	26	27	28
29	30					

MAI 2019

LU	MA	ME	JE	VE	SA	DI
		1	2	3	4	5
6	7	8	9	10	11	12
13	14	15	16	17	18	19
20	21	22	23	24	25	26
27	28	29	30	31		

JUIN 2019

LU	MA	ME	JE	VE	SA	DI
					1	2
3	4	5	6	7	8	9
10	11	12	13	14	15	16
17	18	19	20	21	22	23
24	25	26	27	28	29	30

JUIL 2019

LU	MA	ME	JE	VE	SA	DI
1	2	3	4	5	6	7
8	9	10	11	12	13	14
15	16	17	18	19	20	21
22	23	24	25	26	27	28
29	30	31				

AOÛT 2019

LU	MA	ME	JE	VE	SA	DI
			1	2	3	4
5	6	7	8	9	10	11
12	13	14	15	16	17	18
19	20	21	22	23	24	25
26	27	28	29	30	31	

SEP 2019

LU	MA	ME	JE	VE	SA	DI
						1
2	3	4	5	6	7	8
9	10	11	12	13	14	15
16	17	18	19	20	21	22
23	24	25	26	27	28	29
30						

OCT 2019

LU	MA	ME	JE	VE	SA	DI
	1	2	3	4	5	6
7	8	9	10	11	12	13
14	15	16	17	18	19	20
21	22	23	24	25	26	27
28	29	30	31			

NOV 2019

LU	MA	ME	JE	VE	SA	DI
				1	2	3
4	5	6	7	8	9	10
11	12	13	14	15	16	17
18	19	20	21	22	23	24
25	26	27	28	29	30	

DÉC 2019

LU	MA	ME	JE	VE	SA	DI
						1
2	3	4	5	6	7	8
9	10	11	12	13	14	15
16	17	18	19	20	21	22
23	24	25	26	27	28	29
30	31					

JAN 2020

LU	MA	ME	JE	VE	SA	DI
		1	2	3	4	5
6	7	8	9	10	11	12
13	14	15	16	17	18	19
20	21	22	23	24	25	26
27	28	29	30	31		

FÉV 2020

LU	MA	ME	JE	VE	SA	DI
					1	2
3	4	5	6	7	8	9
10	11	12	13	14	15	16
17	18	19	20	21	22	23
24	25	26	27	28	29	

MAR 2020

LU	MA	ME	JE	VE	SA	DI
						1
2	3	4	5	6	7	8
9	10	11	12	13	14	15
16	17	18	19	20	21	22
23	24	25	26	27	28	29
30	31					

AVR 2020

LU	MA	ME	JE	VE	SA	DI
		1	2	3	4	5
6	7	8	9	10	11	12
13	14	15	16	17	18	19
20	21	22	23	24	25	26
27	28	29	30			

MAI 2020

LU	MA	ME	JE	VE	SA	DI
				1	2	3
4	5	6	7	8	9	10
11	12	13	14	15	16	17
18	19	20	21	22	23	24
25	26	27	28	29	30	31

JUIN 2020

LU	MA	ME	JE	VE	SA	DI
1	2	3	4	5	6	7
8	9	10	11	12	13	14
15	16	17	18	19	20	21
22	23	24	25	26	27	28
29	30					

JUIL 2020

LU	MA	ME	JE	VE	SA	DI
		1	2	3	4	5
6	7	8	9	10	11	12
13	14	15	16	17	18	19
20	21	22	23	24	25	26
27	28	29	30	31		

AOÛT 2020

LU	MA	ME	JE	VE	SA	DI
					1	2
3	4	5	6	7	8	9
10	11	12	13	14	15	16
17	18	19	20	21	22	23
24	25	26	27	28	29	30
31						

SEP 2020

LU	MA	ME	JE	VE	SA	DI
	1	2	3	4	5	6
7	8	9	10	11	12	13
14	15	16	17	18	19	20
21	22	23	24	25	26	27
28	29	30				

OCT 2020

LU	MA	ME	JE	VE	SA	DI
			1	2	3	4
5	6	7	8	9	10	11
12	13	14	15	16	17	18
19	20	21	22	23	24	25
26	27	28	29	30	31	

NOV 2020

LU	MA	ME	JE	VE	SA	DI
						1
2	3	4	5	6	7	8
9	10	11	12	13	14	15
16	17	18	19	20	21	22
23	24	25	26	27	28	29
30						

DÉC 2020

LU	MA	ME	JE	VE	SA	DI
	1	2	3	4	5	6
7	8	9	10	11	12	13
14	15	16	17	18	19	20
21	22	23	24	25	26	27
28	29	30	31			

2019

2020

FÊTES LÉGALES EN FRANCE 2019-2021

	2019	2020	2021
LE JOUR DE L'AN	01.01	01.01	01.01
PÂQUES	22.04	13.04	05.04
FÊTE DU TRAVAIL	01.05	01.05	01.05
LA VICTOIRE DE 1945	08.05	08.05	08.05
L'ASCENSION	30.05	21.05	13.05
PENTECÔTE	10.06	01.06	24.05
FÊTE NATIONALE	14.07	14.07	14.07
L'ASSOMPTION	15.08	15.08	15.08
LA TOUSSAINT	01.11	01.11	01.11
L'ARMISTICE	11.11	11.11	11.11
NOEL	25.12	25.12	25.12

FÊTES LÉGALES EN ALSACES 2019-2021

	2019	2020	2021
VENDREDI SAINT	19.04	10.04	02.04
2E JOUR DE NOEL	26.12	26.12	26.12

	ZONE A	ZONE B	ZONE C
RENTRÉE SCOLAIRE 2019	06.07.2019 - 02.09.2019		
VACANCES DE LA TOUSSAINT 2019	19.10.2019 - 04.11.2019		
VACANCES DE NOEL 2019	21.12.2019 - 06.01.2020		
VACANCES D'HIVER 2020	22.02.-09.03	15.02.-02.03	08.02.-24.02
VACANCES DE PRINTEMPS 2020	18.04.-04.05	11.04.-27.04	04.04.-20.04.
PONT DE L'ASCENSION	20.05.2020 - 25.05.2020		
GRANDES VACANCES 2020	04.07.2020 - ...		

ZONE A	Besançon, Bordeaux, Clermont-Ferrand, Dijon, Grenoble, Limoges, Lyon, Poitiers
ZONE B	Aix-Marseille, Amiens, Caen, Lille, Nancy-Metz, Nantes, Nice, Orléans-Tours, Reims, Rennes, Rouen, Strasbourg
ZONE C	Créteil, Montpellier, Paris, Toulouse, Versailles

AOÛT 2019

01	JE	
02	VE	
03	SA	
04	DI	
05	LU	32
06	MA	
07	ME	
08	JE	
09	VE	
10	SA	
11	DI	
12	LU	33
13	MA	
14	ME	
15	JE	
16	VE	
17	SA	
18	DI	
19	LU	34
20	MA	
21	ME	
22	JE	
23	VE	
24	SA	
25	DI	
26	LU	35
27	MA	
28	ME	
29	JE	
30	VE	
31	SA	

SEPTEMBRE

01	DI	
02	LU	36
03	MA	
04	ME	
05	JE	
06	VE	
07	SA	
08	DI	
09	LU	37
10	MA	
11	ME	
12	JE	
13	VE	
14	SA	
15	DI	
16	LU	38
17	MA	
18	ME	
19	JE	
20	VE	
21	SA	
22	DI	
23	LU	39
24	MA	
25	ME	
26	JE	
27	VE	
28	SA	
29	DI	
30	LU	40

01	MA			01	VE	
02	ME			02	SA	
03	JE			03	DI	
04	VE			04	LU	45
05	SA			05	MA	
06	DI			06	ME	
07	LU	41		07	JE	
08	MA			08	VE	
09	ME			09	SA	
10	JE			10	DI	
11	VE			11	LU	46
12	SA			12	MA	
13	DI			13	ME	
14	LU	42		14	JE	
15	MA			15	VE	
16	ME			16	SA	
17	JE			17	DI	
18	VE			18	LU	47
19	SA			19	MA	
20	DI			20	ME	
21	LU	43		21	JE	
22	MA			22	VE	
23	ME			23	SA	
24	JE			24	DI	
25	VE			25	LU	48
26	SA			26	MA	
27	DI			27	ME	
28	LU	44		28	JE	
29	MA			29	VF	
30	ME			30	SA	
31	JE					

DÉCEMBRE

01	DI	
02	LU	49
03	MA	
04	ME	
05	JE	
06	VE	
07	SA	
08	DI	
09	LU	50
10	MA	
11	ME	
12	JE	
13	VE	
14	SA	
15	DI	
16	LU	51
17	MA	
18	ME	
19	JE	
20	VE	
21	SA	
22	DI	
23	LU	52
24	MA	
25	ME	
26	JE	
27	VE	
28	SA	
29	DI	
30	LU	01
31	MA	

JANVIER 2020

01	ME	
02	JE	
03	VE	
04	SA	
05	DI	
06	LU	02
07	MA	
08	ME	
09	JE	
10	VE	
11	SA	
12	DI	
13	LU	03
14	MA	
15	ME	
16	JE	
17	VE	
18	SA	
19	DI	
20	LU	04
21	MA	
22	ME	
23	JE	
24	VE	
25	SA	
26	DI	
27	LU	05
28	MA	
29	ME	
30	JE	
31	VE	

FÉVRIER			MARS		
01	SA		01	DI	
02	DI		02	LU	10
03	LU	06	03	MA	
04	MA		04	ME	
05	ME		05	JE	
06	JE		06	VE	
07	VE		07	SA	
08	SA		08	DI	
09	DI		09	LU	11
10	LU	07	10	MA	
11	MA		11	ME	
12	ME		12	JE	
13	JE		13	VE	
14	VE		14	SA	
15	SA		15	DI	
16	DI		16	LU	12
17	LU	08	17	MA	
18	MA		18	ME	
19	ME		19	JE	
20	JE		20	VE	
21	VE		21	SA	
22	SA		22	DI	
23	DI		23	LU	13
24	LU	09	24	MA	
25	MA		25	ME	
26	ME		26	JE	
27	JE		27	VE	
28	VE		28	SA	
29	SA		29	DI	
			30	III	14
			31	MA	

AVRIL

01	ME	
02	JE	
03	VE	
04	SA	
05	DI	
06	LU	15
07	MA	
08	ME	
09	JE	
10	VE	
11	SA	
12	DI	
13	LU	16
14	MA	
15	ME	
16	JE	
17	VE	
18	SA	
19	DI	
20	LU	17
21	MA	
22	ME	
23	JE	
24	VE	
25	SA	
26	DI	
27	LU	18
28	MA	
29	ME	
30	JE	

MAI

01	VE	
02	SA	
03	DI	
04	LU	19
05	MA	
06	ME	
07	JE	
08	VE	
09	SA	
10	DI	
11	LU	20
12	MA	
13	ME	
14	JE	
15	VE	
16	SA	
17	DI	
18	LU	21
19	MA	
20	ME	
21	JE	
22	VE	
23	SA	
24	DI	
25	LU	22
26	MA	
27	ME	
28	JE	
29	VE	
30	SA	
31	DI	

Jour	Jour sem.		Sem.	Jour	Jour sem.		Sem.
01	LU		23	01	ME		
02	MA			02	JE		
03	ME			03	VE		
04	JE			04	SA		
05	VE			05	DI		
06	SA			06	LU		28
07	DI			07	MA		
08	LU		24	08	ME		
09	MA			09	JE		
10	ME			10	VE		
11	JE			11	SA		
12	VE			12	DI		
13	SA			13	LU		29
14	DI			14	MA		
15	LU		25	15	ME		
16	MA			16	JE		
17	ME			17	VE		
18	JE			18	SA		
19	VE			19	DI		
20	SA			20	LU		30
21	DI			21	MA		
22	LU		26	22	ME		
23	MA			23	JE		
24	ME			24	VE		
25	JE			25	SA		
26	VE			26	DI		
27	SA			27	LU		31
28	DI			28	MA		
29	LU		27	29	ME		
30	MA			30	JE		
				31	VE		

AOÛT

01	SA	
02	DI	
03	LU	32
04	MA	
05	ME	
06	JE	
07	VE	
08	SA	
09	DI	
10	LU	33
11	MA	
12	ME	
13	JE	
14	VE	
15	SA	
16	DI	
17	LU	34
18	MA	
19	ME	
20	JE	
21	VE	
22	SA	
23	DI	
24	LU	35
25	MA	
26	ME	
27	JE	
28	VE	
29	SA	
30	DI	
31	LU	36

NOTES

EMPLOI DU TEMPS

ZEIT	LUNDI	MARDI	MERCREDI

EMPLOI DU TEMPS

ZEIT	LUNDI	MARDI	MERCREDI

JEUDI	VENDREDI	SAMEDI	DIMANCHE

AOÛT

LU MA ME JE VE SA DI

1	2	3	4	5	6	7
8	9	10	11	12	13	14
15	16	17	18	19	20	21
22	23	24	25	26	27	28
29	30	31				

EXAMENS

_____
_____
_____
_____
_____
_____
_____
_____

DATES IMPORTANTES

_____
_____
_____
_____
_____
_____

SEPT 2019

LU MA ME JE VE SA DI

						1
2	3	4	5	6	7	8
9	10	11	12	13	14	15
16	17	18	19	20	21	22
23	24	25	26	27	28	29
30						

LUNDI	MARDI	MERCREDI
29	30	31
5	6	7
12	13	14
19	20	21
26	27	28

2019

JEUDI	VENDREDI	SAMEDI	DIMANCHE
1	2	3	4
8	9	10	11
15	16	17	18
22	23	24	25
29	30	31	1

LUNDI
29
JUILLET

☐
☐
☐
☐
☐
☐
☐

MARDI
30
JUILLET

☐
☐
☐
☐
☐
☐
☐

MERCREDI
31
JUILLET

☐
☐
☐
☐
☐
☐
☐

JEUDI
01
AOÛT

☐
☐
☐
☐
☐
☐
☐

VENDREDI

02
AOÛT

☐
☐
☐
☐
☐
☐
☐

SAMEDI

03
AOÛT

☐
☐
☐
☐
☐
☐
☐

DIMANCHE

04
AOÛT

☐
☐
☐
☐
☐
☐
☐

SEMAINE 32

LUNDI
05
AOÛT

MARDI
06
AOÛT

MERCREDI
07
AOÛT

JEUDI
08
AOÛT

VENDREDI

09
AOÛT

☐
☐
☐
☐
☐
☐
☐

SAMEDI

10
AOÛT

☐
☐
☐
☐
☐
☐
☐

DIMANCHE

11
AOÛT

☐
☐
☐
☐
☐
☐
☐

SEMAINE 33

LUNDI
12
AOÛT

MARDI
13
AOÛT

MERCREDI
14
AOÛT

JEUDI
15
AOÛT

VENDREDI

16
AOÛT

☐
☐
☐
☐
☐
☐
☐

SAMEDI

17
AOÛT

☐
☐
☐
☐
☐
☐
☐

DIMANCHE

18
AOÛT

☐
☐
☐
☐
☐
☐
☐

SEMAINE 34

LUNDI
19
AOÛT

MARDI
20
AOÛT

MERCREDI
21
AOÛT

JEUDI
22
AOÛT

VENDREDI

23

AOÛT

☐
☐
☐
☐
☐
☐
☐

SAMEDI

24

AOÛT

☐
☐
☐
☐
☐
☐
☐

DIMANCHE

25

AOÛT

☐
☐
☐
☐
☐
☐
☐

SEMAINE 35

LUNDI
26
AOÛT

☐
☐
☐
☐
☐
☐
☐

MARDI
27
AOÛT

☐
☐
☐
☐
☐
☐
☐

MERCREDI
28
AOÛT

☐
☐
☐
☐
☐
☐
☐

JEUDI
29
AOÛT

☐
☐
☐
☐
☐
☐

VENDREDI

30
AOÛT

☐
☐
☐
☐
☐
☐
☐

SAMEDI

31
AOÛT

☐
☐
☐
☐
☐
☐
☐

DIMANCHE

01
SEPTEMBRE

☐
☐
☐
☐
☐
☐
☐

AOÛT 2019

LU	MA	ME	JE	VE	SA	DI
			1	2	3	4
5	6	7	8	9	10	11
12	13	14	15	16	17	18
19	20	21	22	23	24	25
26	27	28	29	30	31	

EXAMENS

_____
_____
_____
_____
_____
_____
_____
_____
_____
_____

DATES IMPORTANTES

_____
_____
_____
_____
_____
_____
_____
_____

OCT 2019

LU	MA	ME	JE	VE	SA	DI
	1	2	3	4	5	6
7	8	9	10	11	12	13
14	15	16	17	18	19	20
21	22	23	24	25	26	27
28	29	30	31			

LUNDI	MARDI	MERCREDI
26	27	28
2	3	4
9	10	11
16	17	18
23	24	25
30	1	2

JEUDI	VENDREDI	SAMEDI	DIMANCHE
29	30	31	1
5	6	7	8
12	13	14	15
19	20	21	22
26	27	28	29
3	4	5	6

SEMAINE 36

LUNDI
02
SEPTEMBRE

☐
☐
☐
☐
☐
☐
☐

MARDI
03
SEPTEMBRE

☐
☐
☐
☐
☐
☐
☐

MERCREDI
04
SEPTEMBRE

☐
☐
☐
☐
☐
☐
☐

JEUDI
05
SEPTEMBRE

☐
☐
☐
☐
☐
☐
☐

VENDREDI

06

SEPTEMBRE

☐
☐
☐
☐
☐
☐
☐

SAMEDI

07

SEPTEMBRE

☐
☐
☐
☐
☐
☐
☐

DIMANCHE

08

SEPTEMBRE

☐
☐
☐
☐
☐
☐
☐

SEMAINE 37

LUNDI
09
SEPTEMBRE

- [ ]
- [ ]
- [ ]
- [ ]
- [ ]
- [ ]

MARDI
10
SEPTEMBRE

- [ ]
- [ ]
- [ ]
- [ ]
- [ ]
- [ ]

MERCREDI
11
SEPTEMBRE

- [ ]
- [ ]
- [ ]
- [ ]
- [ ]
- [ ]

JEUDI
12
SEPTEMBRE

- [ ]
- [ ]
- [ ]
- [ ]
- [ ]
- [ ]

VENDREDI

13
SEPTEMBRE

☐
☐
☐
☐
☐
☐
☐
☐

SAMEDI

14
SEPTEMBRE

☐
☐
☐
☐
☐
☐
☐
☐

DIMANCHE

15
SEPTEMBRE

☐
☐
☐
☐
☐
☐
☐
☐

LUNDI

16

SEPTEMBRE

MARDI

17

SEPTEMBRE

MERCREDI

18

SEPTEMBRE

JEUDI

19

SEPTEMBRE

VENDREDI

20
SEPTEMBRE

SAMEDI

21
SEPTEMBRE

DIMANCHE

22
SEPTEMBRE

SEMAINE 39

LUNDI
23
SEPTEMBRE

- [ ]
- [ ]
- [ ]
- [ ]
- [ ]
- [ ]
- [ ]

MARDI
24
SEPTEMBRE

- [ ]
- [ ]
- [ ]
- [ ]
- [ ]
- [ ]
- [ ]

MERCREDI
25
SEPTEMBRE

- [ ]
- [ ]
- [ ]
- [ ]
- [ ]
- [ ]
- [ ]

JEUDI
26
SEPTEMBRE

- [ ]
- [ ]
- [ ]
- [ ]
- [ ]
- [ ]
- [ ]

VENDREDI

27
SEPTEMBRE

☐
☐
☐
☐
☐
☐
☐

SAMEDI

28
SEPTEMBRE

☐
☐
☐
☐
☐
☐
☐

DIMANCHE

29
SEPTEMBRE

☐
☐
☐
☐
☐
☐
☐

SEPT 2019

LU	MA	ME	JE	VE	SA	DI
						1
2	3	4	5	6	7	8
9	10	11	12	13	14	15
16	17	18	19	20	21	22
23	24	25	26	27	28	29
30						

EXAMENS

_____
_____
_____
_____
_____
_____
_____
_____
_____

DATES IMPORTANTES

_____
_____
_____
_____
_____
_____
_____

NOV 2019

LU	MA	ME	JE	VE	SA	DI
				1	2	3
4	5	6	7	8	9	10
11	12	13	14	15	16	17
18	19	20	21	22	23	24
25	26	27	28	29	30	

OCTOBRE

LUNDI	MARDI	MERCREDI
30	1	2
7	8	9
14	15	16
21	22	23
28	29	30

JEUDI	VENDREDI	SAMEDI	DIMANCHE
3	4	5	6
10	11	12	13
17	18	19	20
24	25	26	27
31	1	2	3

LUNDI
30
SEPTEMBRE

☐
☐
☐
☐
☐
☐
☐

MARDI
01
OCTOBRE

☐
☐
☐
☐
☐
☐
☐

MERCREDI
02
OCTOBRE

☐
☐
☐
☐
☐
☐
☐

JEUDI
03
OCTOBRE

☐
☐
☐
☐
☐
☐
☐

VENDREDI

04
OCTOBRE

☐
☐
☐
☐
☐
☐
☐

SAMEDI

05
OCTOBRE

☐
☐
☐
☐
☐
☐
☐

DIMANCHE

06
OCTOBRE

☐
☐
☐
☐
☐
☐
☐

SEMAINE 41

LUNDI
07
OCTOBRE

- [ ]
- [ ]
- [ ]
- [ ]
- [ ]
- [ ]
- [ ]

MARDI
08
OCTOBRE

- [ ]
- [ ]
- [ ]
- [ ]
- [ ]
- [ ]
- [ ]

MERCREDI
09
OCTOBRE

- [ ]
- [ ]
- [ ]
- [ ]
- [ ]
- [ ]
- [ ]

JEUDI
10
OCTOBRE

- [ ]
- [ ]
- [ ]
- [ ]
- [ ]
- [ ]
- [ ]

VENDREDI

11

OCTOBRE

☐
☐
☐
☐
☐
☐
☐

SAMEDI

12

OCTOBRE

☐
☐
☐
☐
☐
☐
☐

DIMANCHE

13

OCTOBRE

☐
☐
☐
☐
☐
☐
☐

LUNDI
14
OCTOBRE

MARDI
15
OCTOBRE

MERCREDI
16
OCTOBRE

JEUDI
17
OCTOBRE

VENDREDI

18
OCTOBRE

☐
☐
☐
☐
☐
☐
☐

SAMEDI

19
OCTOBRE

☐
☐
☐
☐
☐
☐
☐

DIMANCHE

20
OCTOBRE

☐
☐
☐
☐
☐
☐
☐

SEMAINE 43

LUNDI
21
OCTOBRE

- [ ]
- [ ]
- [ ]
- [ ]
- [ ]
- [ ]
- [ ]

MARDI
22
OCTOBRE

- [ ]
- [ ]
- [ ]
- [ ]
- [ ]
- [ ]
- [ ]

MERCREDI
23
OCTOBRE

- [ ]
- [ ]
- [ ]
- [ ]
- [ ]
- [ ]
- [ ]

JEUDI
24
OCTOBRE

- [ ]
- [ ]
- [ ]
- [ ]
- [ ]
- [ ]
- [ ]

VENDREDI

25

OCTOBRE

☐
☐
☐
☐
☐
☐
☐

SAMEDI

26

OCTOBRE

☐
☐
☐
☐
☐
☐
☐

DIMANCHE

27

OCTOBRE

☐
☐
☐
☐
☐
☐
☐

SEMAINE 44

LUNDI
28
OCTOBRE

- [ ]
- [ ]
- [ ]
- [ ]
- [ ]
- [ ]

MARDI
29
OCTOBRE

- [ ]
- [ ]
- [ ]
- [ ]
- [ ]
- [ ]

MERCREDI
30
OCTOBRE

- [ ]
- [ ]
- [ ]
- [ ]
- [ ]
- [ ]

JEUDI
31
OCTOBRE

- [ ]
- [ ]
- [ ]
- [ ]
- [ ]
- [ ]

VENDREDI

01
NOVEMBRE

☐
☐
☐
☐
☐
☐
☐

SAMEDI

02
NOVEMBRE

☐
☐
☐
☐
☐
☐
☐

DIMANCHE

03
NOVEMBRE

☐
☐
☐
☐
☐
☐
☐

OCT 2019

LU	MA	ME	JE	VE	SA	DI
	1	2	3	4	5	6
7	8	9	10	11	12	13
14	15	16	17	18	19	20
21	22	23	24	25	26	27
28	29	30	31			

EXAMENS

_____
_____
_____
_____
_____
_____
_____
_____

DATES IMPORTANTES

_____
_____
_____
_____
_____
_____

DEC 2019

LU	MA	ME	JE	VE	SA	DI
						1
2	3	4	5	6	7	8
9	10	11	12	13	14	15
16	17	18	19	20	21	22
23	24	25	26	27	28	29
30	31					

NOVEMBRE

LUNDI	MARDI	MERCREDI
28	29	30
4	5	6
11	12	13
18	19	20
25	26	27

2019

JEUDI	VENDREDI	SAMEDI	DIMANCHE
31	1	2	3
7	8	9	10
14	15	16	17
21	22	23	24
28	29	30	1

LUNDI

04

NOVEMBRE

MARDI

05

NOVEMBRE

MERCREDI

06

NOVEMBRE

JEUDI

07

NOVEMBRE

VENDREDI

08
NOVEMBRE

SAMEDI

09
NOVEMBRE

DIMANCHE

10
NOVEMBRE

LUNDI

11
NOVEMBRE

☐
☐
☐
☐
☐
☐
☐

MARDI

12
NOVEMBRE

☐
☐
☐
☐
☐
☐
☐

MERCREDI

13
NOVEMBRE

☐
☐
☐
☐
☐
☐
☐

JEUDI

14
NOVEMBRE

☐
☐
☐
☐
☐
☐
☐

VENDREDI

15
NOVEMBRE

☐
☐
☐
☐
☐
☐
☐

SAMEDI

16
NOVEMBRE

☐
☐
☐
☐
☐
☐
☐

DIMANCHE

17
NOVEMBRE

☐
☐
☐
☐
☐
☐
☐

LUNDI

18

NOVEMBRE

MARDI

19

NOVEMBRE

MERCREDI

20

NOVEMBRE

JEUDI

21

NOVEMBRE

VENDREDI

22
NOVEMBRE

SAMEDI

23
NOVEMBRE

DIMANCHE

24
NOVEMBRE

SEMAINE 48

LUNDI
25
NOVEMBRE

☐
☐
☐
☐
☐
☐
☐

MARDI
26
NOVEMBRE

☐
☐
☐
☐
☐
☐
☐

MERCREDI
27
NOVEMBRE

☐
☐
☐
☐
☐
☐
☐

JEUDI
28
NOVEMBRE

☐
☐
☐
☐
☐
☐
☐

VENDREDI

29

NOVEMBRE

SAMEDI

30

NOVEMBRE

DIMANCHE

01

DÉCEMBRE

NOV 2019

LU MA ME JE VE SA DI
				1	2	3
4	5	6	7	8	9	10
11	12	13	14	15	16	17
18	19	20	21	22	23	24
25	26	27	28	29	30	

EXAMENS

_____
_____
_____
_____
_____
_____
_____
_____

DATES IMPORTANTES

_____
_____
_____
_____
_____
_____

JAN 2020

LU MA ME JE VE SA DI
				1	2	3	4	5
6	7	8	9	10	11	12
13	14	15	16	17	18	19
20	21	22	23	24	25	26
27	28	29	30	31		

DECEMBRE

LUNDI	MARDI	MERCREDI
25	26	27
2	3	4
9	10	11
16	17	18
23	24	25
30	31	1

2019

JEUDI	VENDREDI	SAMEDI	DIMANCHE
28	29	30	1
5	6	7	8
12	13	14	15
19	20	21	22
26	27	28	29
2	3	4	5

LUNDI

02

DÉCEMBRE

MARDI

03

DÉCEMBRE

MERCREDI

04

DÉCEMBRE

JEUDI

05

DÉCEMBRE

VENDREDI

06
DÉCEMBRE

☐
☐
☐
☐
☐
☐
☐

SAMEDI

07
DÉCEMBRE

☐
☐
☐
☐
☐
☐
☐

DIMANCHE

08
DÉCEMBRE

☐
☐
☐
☐
☐
☐
☐

LUNDI
09
DÉCEMBRE

MARDI
10
DÉCEMBRE

MERCREDI
11
DÉCEMBRE

JEUDI
12
DÉCEMBRE

DÉCEMBRE 2019

VENDREDI

13

DÉCEMBRE

SAMEDI

14

DÉCEMBRE

DIMANCHE

15

DÉCEMBRE

SEMAINE 51

LUNDI
16
DÉCEMBRE

☐
☐
☐
☐
☐
☐

MARDI
17
DÉCEMBRE

☐
☐
☐
☐
☐
☐

MERCREDI
18
DÉCEMBRE

☐
☐
☐
☐
☐
☐

JEUDI
19
DÉCEMBRE

☐
☐
☐
☐
☐
☐

VENDREDI

20

DÉCEMBRE

☐
☐
☐
☐
☐
☐
☐

SAMEDI

21

DÉCEMBRE

☐
☐
☐
☐
☐
☐
☐

DIMANCHE

22

DÉCEMBRE

☐
☐
☐
☐
☐
☐
☐

SEMAINE 52

LUNDI
23
DÉCEMBRE

☐

MARDI
24
DÉCEMBRE

☐

MERCREDI
25
DÉCEMBRE

☐

JEUDI
26
DÉCEMBRE

☐

VENDREDI

27

DÉCEMBRE

☐
☐
☐
☐
☐
☐
☐

SAMEDI

28

DÉCEMBRE

☐
☐
☐
☐
☐
☐
☐

DIMANCHE

29

DÉCEMBRE

☐
☐
☐
☐
☐
☐
☐

DÉC 2019

LU	MA	ME	JE	VE	SA	DI
						1
2	3	4	5	6	7	8
9	10	11	12	13	14	15
16	17	18	19	20	21	22
23	24	25	26	27	28	29
30	31					

EXAMENS

_____

_____

_____

_____

_____

_____

_____

DATES IMPORTANTES

_____

_____

_____

_____

_____

_____

FÉV 2020

LU	MA	ME	JE	VE	SA	DI
					1	2
3	4	5	6	7	8	9
10	11	12	13	14	15	16
17	18	19	20	21	22	23
24	25	26	27	28	29	

JANVIER

LUNDI	MARDI	MERCREDI
30	31	1
6	7	8
13	14	15
20	21	22
27	28	29

JEUDI	VENDREDI	SAMEDI	DIMANCHE
2	3	4	5
9	10	11	12
16	17	18	19
23	24	25	26
30	31	1	2

LUNDI

30

DÉCEMBRE

☐
☐
☐
☐
☐
☐
☐

MARDI

31

DÉCEMBRE

☐
☐
☐
☐
☐
☐
☐

MERCREDI

01

JANVIER

☐
☐
☐
☐
☐
☐
☐

JEUDI

02

JANVIER

☐
☐
☐
☐
☐
☐
☐

VENDREDI

03

JANVIER

☐
☐
☐
☐
☐
☐
☐

SAMEDI

04

JANVIER

☐
☐
☐
☐
☐
☐
☐

DIMANCHE

05

JANVIER

☐
☐
☐
☐
☐
☐
☐

SEMAINE 02

LUNDI

06
JANVIER

☐
☐
☐
☐
☐
☐
☐

MARDI

07
JANVIER

☐
☐
☐
☐
☐
☐
☐

MERCREDI

08
JANVIER

☐
☐
☐
☐
☐
☐
☐

JEUDI

9
JANVIER

☐
☐
☐
☐
☐
☐
☐

VENDREDI

10
JANVIER

☐
☐
☐
☐
☐
☐
☐

SAMEDI

11
JANVIER

☐
☐
☐
☐
☐
☐
☐

DIMANCHE

12
JANVIER

☐
☐
☐
☐
☐
☐
☐

SEMAINE 03

LUNDI
13
JANVIER

☐
☐
☐
☐
☐
☐
☐

MARDI
14
JANVIER

☐
☐
☐
☐
☐
☐
☐

MERCREDI
15
JANVIER

☐
☐
☐
☐
☐
☐
☐

JEUDI
16
JANVIER

☐
☐
☐
☐
☐
☐
☐

VENDREDI

17
JANVIER

- [ ]
- [ ]
- [ ]
- [ ]
- [ ]
- [ ]
- [ ]

SAMEDI

18
JANVIER

- [ ]
- [ ]
- [ ]
- [ ]
- [ ]
- [ ]
- [ ]

DIMANCHE

19
JANVIER

- [ ]
- [ ]
- [ ]
- [ ]
- [ ]
- [ ]
- [ ]

SEMAINE 04

LUNDI
20
JANVIER

MARDI
21
JANVIER

MERCREDI
22
JANVIER

JEUDI
23
JANVIER

VENDREDI

24
JANVIER

☐
☐
☐
☐
☐
☐
☐

SAMEDI

25
JANVIER

☐
☐
☐
☐
☐
☐
☐

DIMANCHE

26
JANVIER

☐
☐
☐
☐
☐
☐
☐

SEMAINE 05

LUNDI
27
JANVIER

MARDI
28
JANVIER

MERCREDI
29
JANVIER

JEUDI
30
JANVIER

VENDREDI

31
JANVIER

☐
☐
☐
☐
☐
☐
☐

SAMEDI

01
FÉVRIER

☐
☐
☐
☐
☐
☐
☐

DIMANCHE

02
FÉVRIER

☐
☐
☐
☐
☐
☐
☐

JAN 2020

LU	MA	ME	JE	VE	SA	DI
			1	2	3	4	5
6	7	8	9	10	11	12
13	14	15	16	17	18	19
20	21	22	23	24	25	26
27	28	29	30	31		

EXAMENS

_____
_____
_____
_____
_____
_____
_____
_____
_____
_____

DATES IMPORTANTES

_____
_____
_____
_____
_____
_____
_____

MAR 2020

LU	MA	ME	JE	VE	SA	DI
						1
2	3	4	5	6	7	8
9	10	11	12	13	14	15
16	17	18	19	20	21	22
23	24	25	26	27	28	29
30	31					

FÉVRIER

LUNDI	MARDI	MERCREDI
26	27	28
3	4	5
10	11	12
17	18	19
24	25	26

JEUDI	VENDREDI	SAMEDI	DIMANCHE
29	30	1	2
6	7	8	9
13	14	15	16
20	21	22	23
27	28	29	1

LUNDI
03
FÉVRIER

☐
☐
☐
☐
☐
☐
☐

MARDI
04
FÉVRIER

☐
☐
☐
☐
☐
☐
☐

MERCREDI
05
FÉVRIER

☐
☐
☐
☐
☐
☐
☐

JEUDI
06
FÉVRIER

☐
☐
☐
☐
☐
☐
☐

VENDREDI

07

FÉVRIER

☐
☐
☐
☐
☐
☐
☐

SAMEDI

08

FÉVRIER

☐
☐
☐
☐
☐
☐
☐

DIMANCHE

09

FÉVRIER

☐
☐
☐
☐
☐
☐
☐

LUNDI

10
FÉVRIER

MARDI

11
FÉVRIER

MERCREDI

12
FÉVRIER

JEUDI

13
FÉVRIER

VENDREDI

14
FÉVRIER

☐
☐
☐
☐
☐
☐
☐

SAMEDI

15
FÉVRIER

☐
☐
☐
☐
☐
☐
☐

DIMANCHE

16
FÉVRIER

☐
☐
☐
☐
☐
☐
☐

SEMAINE 08

LUNDI
17
FÉVRIER

- [ ]
- [ ]
- [ ]
- [ ]
- [ ]
- [ ]
- [ ]

MARDI
18
FÉVRIER

- [ ]
- [ ]
- [ ]
- [ ]
- [ ]
- [ ]
- [ ]

MERCREDI
19
FÉVRIER

- [ ]
- [ ]
- [ ]
- [ ]
- [ ]
- [ ]
- [ ]

JEUDI
20
FÉVRIER

- [ ]
- [ ]
- [ ]
- [ ]
- [ ]
- [ ]
- [ ]

VENDREDI

21
FÉVRIER

SAMEDI

22
FÉVRIER

DIMANCHE

23
FÉVRIER

SEMAINE 09

LUNDI
24
FÉVRIER

MARDI
25
FÉVRIER

MERCREDI
26
FÉVRIER

JEUDI
27
FÉVRIER

VENDREDI

28
FÉVRIER

☐
☐
☐
☐
☐
☐
☐

SAMEDI

29
FÉVRIER

☐
☐
☐
☐
☐
☐
☐

DIMANCHE

01
MARS

☐
☐
☐
☐
☐
☐
☐

FÉV 2020

LU	MA	ME	JE	VE	SA	DI
					1	2
3	4	5	6	7	8	9
10	11	12	13	14	15	16
17	18	19	20	21	22	23
24	25	26	27	28	29	

EXAMENS

_____

_____

_____

_____

_____

_____

_____

_____

DATES IMPORTANTES

_____

_____

_____

_____

_____

_____

_____

AVR 2020

LU	MA	ME	JE	VE	SA	DI
		1	2	3	4	5
6	7	8	9	10	11	12
13	14	15	16	17	18	19
20	21	22	23	24	25	26
27	28	29	30			

MARS

LUNDI	MARDI	MERCREDI
24	25	26
2	3	4
9	10	11
16	17	18
23	24	25
30	31	

JEUDI	VENDREDI	SAMEDI	DIMANCHE
27	28	29	1
5	6	7	8
12	13	14	15
19	20	21	22
26	27	28	29

SEMAINE 10

LUNDI
02
MARS

☐
☐
☐
☐
☐
☐
☐

MARDI
03
MARS

☐
☐
☐
☐
☐
☐
☐

MERCREDI
04
MARS

☐
☐
☐
☐
☐
☐
☐

JEUDI
05
MARS

☐
☐
☐
☐
☐
☐

VENDREDI

06
MARS

☐
☐
☐
☐
☐
☐
☐

SAMEDI

07
MARS

☐
☐
☐
☐
☐
☐
☐

DIMANCHE

08
MARS

☐
☐
☐
☐
☐
☐
☐

LUNDI
09
MARS

☐
☐
☐
☐
☐
☐
☐

MARDI
10
MARS

☐
☐
☐
☐
☐
☐
☐

MERCREDI
11
MARS

☐
☐
☐
☐
☐
☐
☐

JEUDI
12
MARS

☐
☐
☐
☐
☐
☐
☐

VENDREDI

13
MARS

☐
☐
☐
☐
☐
☐
☐

SAMEDI

14
MARS

☐
☐
☐
☐
☐
☐
☐

DIMANCHE

15
MARS

☐
☐
☐
☐
☐
☐
☐

SEMAINE 12

LUNDI
16
MARS

☐
☐
☐
☐
☐
☐
☐

MARDI
17
MARS

☐
☐
☐
☐
☐
☐
☐

MERCREDI
18
MARS

☐
☐
☐
☐
☐
☐
☐

JEUDI
19
MARS

☐
☐
☐
☐
☐
☐
☐

VENDREDI

20
MARS

☐
☐
☐
☐
☐
☐
☐
☐

SAMEDI

21
MARS

☐
☐
☐
☐
☐
☐
☐
☐

DIMANCHE

22
MARS

☐
☐
☐
☐
☐
☐
☐
☐

LUNDI

23
MARS

☐
☐
☐
☐
☐
☐
☐

MARDI

24
MARS

☐
☐
☐
☐
☐
☐
☐

MERCREDI

25
MARS

☐
☐
☐
☐
☐
☐
☐

JEUDI

26
MARS

☐
☐
☐
☐
☐
☐
☐

VENDREDI

27
MARS

SAMEDI

28
MARS

DIMANCHE

29
MARS

MAR 2020

LU MA ME JE VE SA DI

						1
2	3	4	5	6	7	8
9	10	11	12	13	14	15
16	17	18	19	20	21	22
23	24	25	26	27	28	29
30	31					

EXAMENS

_____

_____

_____

_____

_____

_____

_____

_____

_____

DATES IMPORTANTES

_____

_____

_____

_____

_____

_____

_____

MAI 2020

LU MA ME JE VE SA DI

					1	2	3
4	5	6	7	8	9	10
11	12	13	14	15	16	17
18	19	20	21	22	23	24
25	26	27	28	29	30	31

AVRIL

LUNDI	MARDI	MERCREDI
30	31	1
6	7	8
13	14	15
20	21	22
27	28	29

2020

JEUDI	VENDREDI	SAMEDI	DIMANCHE
2	3	4	5
9	10	11	12
16	17	18	19
23	24	25	26
30	1	2	3

SEMAINE 14

LUNDI
30
AVRIL

MARDI
31
AVRIL

MERCREDI
01
AVRIL

JEUDI
02
AVRIL

VENDREDI

03
AVRIL

☐
☐
☐
☐
☐
☐
☐

SAMEDI

04
AVRIL

☐
☐
☐
☐
☐
☐
☐

DIMANCHE

05
AVRIL

☐
☐
☐
☐
☐
☐
☐

SEMAINE 15

LUNDI
06
AVRIL

☐
☐
☐
☐
☐
☐
☐

MARDI
07
AVRIL

☐
☐
☐
☐
☐
☐
☐

MERCREDI
08
AVRIL

☐
☐
☐
☐
☐
☐
☐

JEUDI
09
AVRIL

☐
☐
☐
☐
☐
☐
☐

VENDREDI

10
AVRIL

SAMEDI

11
AVRIL

DIMANCHE

12
AVRIL

LUNDI

13
AVRIL

MARDI

14
AVRIL

MERCREDI

15
AVRIL

JEUDI

16
AVRIL

VENDREDI

17
AVRIL

☐
☐
☐
☐
☐
☐
☐

SAMEDI

18
AVRIL

☐
☐
☐
☐
☐
☐
☐

DIMANCHE

19
AVRIL

☐
☐
☐
☐
☐
☐
☐

LUNDI
20
AVRIL

MARDI
21
AVRIL

MERCREDI
22
AVRIL

JEUDI
23
AVRIL

VENDREDI

24
AVRIL

☐
☐
☐
☐
☐
☐
☐
☐

SAMEDI

25
AVRIL

☐
☐
☐
☐
☐
☐
☐
☐

DIMANCHE

26
AVRIL

☐
☐
☐
☐
☐
☐
☐

LUNDI

27
AVRIL

- [ ]
- [ ]
- [ ]
- [ ]
- [ ]
- [ ]
- [ ]

MARDI

28
AVRIL

- [ ]
- [ ]
- [ ]
- [ ]
- [ ]
- [ ]
- [ ]

MERCREDI

29
AVRIL

- [ ]
- [ ]
- [ ]
- [ ]
- [ ]
- [ ]
- [ ]

JEUDI

30
AVRIL

- [ ]
- [ ]
- [ ]
- [ ]
- [ ]
- [ ]
- [ ]

VENDREDI

01
MAI

☐
☐
☐
☐
☐
☐
☐

SAMEDI

02
MAI

☐
☐
☐
☐
☐
☐
☐

DIMANCHE

03
MAI

☐
☐
☐
☐
☐
☐
☐

AVR 2020

LU MA ME JE VE SA DI

			1	2	3	4	5
6	7	8	9	10	11	12
13	14	15	16	17	18	19
20	21	22	23	24	25	26
27	28	29	30

EXAMENS

_____

_____

_____

_____

_____

_____

_____

_____

_____

_____

_____

DATES IMPORTANTES

_____

_____

_____

_____

_____

_____

JUIN 2020

LU MA ME JE VE SA DI

1	2	3	4	5	6	7
8	9	10	11	12	13	14
15	16	17	18	19	20	21
22	23	24	25	26	27	28
29	30

MAI

LUNDI	MARDI	MERCREDI
27	28	29
4	5	6
11	12	13
18	19	20
25	26	27

2020

JEUDI	VENDREDI	SAMEDI	DIMANCHE
30	1	2	3
7	8	9	10
14	15	16	17
21	22	23	24
28	29	30	31

LUNDI

04

MAI

MARDI

05

MAI

MERCREDI

06

MAI

JEUDI

07

MAI

VENDREDI

08

MAI

☐
☐
☐
☐
☐
☐
☐

SAMEDI

09

MAI

☐
☐
☐
☐
☐
☐
☐

DIMANCHE

10

MAI

☐
☐
☐
☐
☐
☐
☐

LUNDI
11
MAI

☐
☐
☐
☐
☐
☐
☐

MARDI
12
MAI

☐
☐
☐
☐
☐
☐
☐

MERCREDI
13
MAI

☐
☐
☐
☐
☐
☐
☐

JEUDI
14
MAI

☐
☐
☐
☐
☐
☐
☐

MAI 2020

VENDREDI

15
MAI

☐
☐
☐
☐
☐
☐
☐

SAMEDI

16
MAI

☐
☐
☐
☐
☐
☐
☐

DIMANCHE

17
MAI

☐
☐
☐
☐
☐
☐
☐

LUNDI
18
MAI

☐
☐
☐
☐
☐
☐
☐

MARDI
19
MAI

☐
☐
☐
☐
☐
☐
☐

MERCREDI
20
MAI

☐
☐
☐
☐
☐
☐
☐

JEUDI
21
MAI

☐
☐
☐
☐
☐
☐
☐

VENDREDI

22
MAI

☐
☐
☐
☐
☐
☐
☐

SAMEDI

23
MAI

☐
☐
☐
☐
☐
☐
☐

DIMANCHE

24
MAI

☐
☐
☐
☐
☐
☐
☐

SEMAINE 22

LUNDI
25
MAI

☐
☐
☐
☐
☐
☐
☐

MARDI
26
MAI

☐
☐
☐
☐
☐
☐
☐

MERCREDI
27
MAI

☐
☐
☐
☐
☐
☐
☐

JEUDI
28
MAI

☐
☐
☐
☐
☐
☐
☐

VENDREDI

29

MAI

☐
☐
☐
☐
☐
☐
☐

SAMEDI

30

MAI

☐
☐
☐
☐
☐
☐
☐

DIMANCHE

31

MAI

☐
☐
☐
☐
☐
☐
☐

MAI 2020

LU	MA	ME	JE	VE	SA	DI
				1	2	3
4	5	6	7	8	9	10
11	12	13	14	15	16	17
18	19	20	21	22	23	24
25	26	27	28	29	30	31

JUIN

EXAMENS

_____
_____
_____
_____
_____
_____
_____
_____

DATES IMPORTANTES

_____
_____
_____
_____
_____
_____
_____

JUIL 2020

LU	MA	ME	JE	VE	SA	DI
		1	2	3	4	5
6	7	8	9	10	11	12
13	14	15	16	17	18	19
20	21	22	23	24	25	26
27	28	29	30	31		

LUNDI	MARDI	MERCREDI
1	2	3
8	9	10
15	16	17
22	23	24
29	30	1

JEUDI	VENDREDI	SAMEDI	DIMANCHE
4	5	6	7
11	12	13	14
18	19	20	21
25	26	27	28
2	3	4	5

SEMAINE 23

LUNDI
01
JUIN

- ☐
- ☐
- ☐
- ☐
- ☐
- ☐
- ☐

MARDI
02
JUIN

- ☐
- ☐
- ☐
- ☐
- ☐
- ☐

MERCREDI
03
JUIN

- ☐
- ☐
- ☐
- ☐
- ☐
- ☐
- ☐

JEUDI
04
JUIN

- ☐
- ☐
- ☐
- ☐
- ☐
- ☐
- ☐

VENDREDI

05
JUIN

SAMEDI

06
JUIN

DIMANCHE

07
JUIN

LUNDI
08
JUIN

☐
☐
☐
☐
☐
☐
☐

MARDI
09
JUIN

☐
☐
☐
☐
☐
☐
☐

MERCREDI
10
JUIN

☐
☐
☐
☐
☐
☐
☐

JEUDI
11
JUIN

☐
☐
☐
☐
☐
☐
☐

VENDREDI

12
JUIN

☐
☐
☐
☐
☐
☐
☐

SAMEDI

13
JUIN

☐
☐
☐
☐
☐
☐
☐

DIMANCHE

14
JUIN

☐
☐
☐
☐
☐
☐
☐

LUNDI
15
JUIN

MARDI
16
JUIN

MERCREDI
17
JUIN

JEUDI
18
JUIN

VENDREDI

19
JUIN

☐
☐
☐
☐
☐
☐
☐

SAMEDI

20
JUIN

☐
☐
☐
☐
☐
☐
☐

DIMANCHE

21
JUIN

☐
☐
☐
☐
☐
☐
☐

SEMAINE 26

LUNDI
22
JUIN

MARDI
23
JUIN

MERCREDI
24
JUIN

JEUDI
25
JUIN

VENDREDI

26
JUIN

☐
☐
☐
☐
☐
☐
☐

SAMEDI

27
JUIN

☐
☐
☐
☐
☐
☐
☐

DIMANCHE

28
JUIN

☐
☐
☐
☐
☐
☐
☐

SEMAINE 27

LUNDI
29
JUIN

☐
☐
☐
☐
☐
☐
☐

MARDI
30
JUIN

☐
☐
☐
☐
☐
☐
☐

MERCREDI
01
JUILLET

☐
☐
☐
☐
☐
☐
☐

JEUDI
02
JUILLET

☐
☐
☐
☐
☐
☐
☐

VENDREDI

03
JUILLET

☐
☐
☐
☐
☐
☐
☐

SAMEDI

04
JUILLET

☐
☐
☐
☐
☐
☐
☐

DIMANCHE

05
JUILLET

☐
☐
☐
☐
☐
☐
☐

JUIN 2020

LU MA ME JE VE SA DI

1 2 3 4 5 6 7
8 9 10 11 12 13 14
15 16 17 18 19 20 21
22 23 24 25 26 27 28
29 30

EXAMENS

_____

_____

_____

_____

_____

_____

_____

_____

DATES
IMPORTANTES

_____

_____

_____

_____

_____

_____

_____

AOÛT 2020

LU MA ME JE VE SA DI

            1 2
3 4 5 6 7 8 9
10 11 12 13 14 15 16
17 18 19 20 21 22 23
24 25 26 27 28 29 30
31

JUILLET

LUNDI	MARDI	MERCREDI
29	30	1
6	7	8
13	14	15
20	21	22
27	28	29

2020

JEUDI	VENDREDI	SAMEDI	DIMANCHE
2	3	4	5
9	10	11	12
16	17	18	19
23	24	25	26
30	31	1	2

SEMAINE 28

LUNDI
06
JUILLET

- [ ]
- [ ]
- [ ]
- [ ]
- [ ]
- [ ]
- [ ]

MARDI
07
JUILLET

- [ ]
- [ ]
- [ ]
- [ ]
- [ ]
- [ ]
- [ ]

MERCREDI
08
JUILLET

- [ ]
- [ ]
- [ ]
- [ ]
- [ ]
- [ ]
- [ ]

JEUDI
09
JUILLET

- [ ]
- [ ]
- [ ]
- [ ]
- [ ]
- [ ]
- [ ]

VENDREDI
10
JUILLET

☐
☐
☐
☐
☐
☐
☐

SAMEDI
11
JUILLET

☐
☐
☐
☐
☐
☐
☐

DIMANCHE
12
JUILLET

☐
☐
☐
☐
☐
☐
☐

SEMAINE 29

LUNDI
13
JUILLET

☐
☐
☐
☐
☐
☐
☐

MARDI
14
JUILLET

☐
☐
☐
☐
☐
☐
☐

MERCREDI
15
JUILLET

☐
☐
☐
☐
☐
☐
☐

JEUDI
16
JUILLET

☐
☐
☐
☐
☐
☐
☐

VENDREDI

17
JUILLET

☐
☐
☐
☐
☐
☐
☐

SAMEDI

18
JUILLET

☐
☐
☐
☐
☐
☐
☐

DIMANCHE

19
JUILLET

☐
☐
☐
☐
☐
☐
☐

LUNDI

20
JUILLET

MARDI

21
JUILLET

MERCREDI

22
JUILLET

JEUDI

23
JUILLET

JUILLET 2020

VENDREDI

24
JUILLET

☐
☐
☐
☐
☐
☐
☐

SAMEDI

25
JUILLET

☐
☐
☐
☐
☐
☐
☐

DIMANCHE

26
JUILLET

☐
☐
☐
☐
☐
☐
☐

SEMAINE 31

LUNDI
27
JUILLET

MARDI
28
JUILLET

MERCREDI
29
JUILLET

JEUDI
30
JUILLET

VENDREDI

31
AOÛT

- [ ]
- [ ]
- [ ]
- [ ]
- [ ]
- [ ]
- [ ]

SAMEDI

01
AOÛT

- [ ]
- [ ]
- [ ]
- [ ]
- [ ]
- [ ]
- [ ]

DIMANCHE

02
AOÛT

- [ ]
- [ ]
- [ ]
- [ ]
- [ ]
- [ ]
- [ ]

JUIL 2020

LU	MA	ME	JE	VE	SA	DI
		1	2	3	4	5
6	7	8	9	10	11	12
13	14	15	16	17	18	19
20	21	22	23	24	25	26
27	28	29	30	31		

EXAMENS

_____

_____

_____

_____

_____

_____

_____

_____

DATES IMPORTANTES

_____

_____

_____

_____

_____

_____

_____

SEPT 2020

LU	MA	ME	JE	VE	SA	DI
	1	2	3	4	5	6
7	8	9	10	11	12	13
14	15	16	17	18	19	20
21	22	23	24	25	26	27
28	29	30				

AOÛT

LUNDI	MARDI	MERCREDI
26	27	28
3	4	5
10	11	12
17	18	19
24	25	26
31		

2020

JEUDI	VENDREDI	SAMEDI	DIMANCHE
29	31	1	2
6	7	8	9
13	14	15	16
20	21	22	23
27	28	29	30

LUNDI

03

AOÛT

MARDI

04

AOÛT

MERCREDI

05

AOÛT

JEUDI

06

AOÛT

VENDREDI

07
AOÛT

☐
☐
☐
☐
☐
☐
☐

SAMEDI

08
AOÛT

☐
☐
☐
☐
☐
☐
☐

DIMANCHE

09
AOÛT

☐
☐
☐
☐
☐
☐
☐

LUNDI
10
AOÛT

MARDI
11
AOÛT

MERCREDI
12
AOÛT

JEUDI
13
AOÛT

AOÛT 2020

VENDREDI

14
AOÛT

☐
☐
☐
☐
☐
☐
☐

SAMEDI

15
AOÛT

☐
☐
☐
☐
☐
☐
☐

DIMANCHE

16
AOÛT

☐
☐
☐
☐
☐
☐
☐

SEMAINE 34

LUNDI
17
AOÛT

MARDI
18
AOÛT

MERCREDI
19
AOÛT

JEUDI
20
AOÛT

VENDREDI

21

AOÛT

SAMEDI

22

AOÛT

DIMANCHE

23

AOÛT

LUNDI

24
AOÛT

☐
☐
☐
☐
☐
☐
☐

MARDI

25
AOÛT

☐
☐
☐
☐
☐
☐
☐

MERCREDI

26
AOÛT

☐
☐
☐
☐
☐
☐
☐

JEUDI

27
AOÛT

☐
☐
☐
☐
☐
☐
☐

VENDREDI

28
AOÛT

☐
☐
☐
☐
☐
☐
☐

SAMEDI

29
AOÛT

☐
☐
☐
☐
☐
☐
☐

DIMANCHE

30
AOÛT

☐
☐
☐
☐
☐
☐
☐

SEMAINE 34

LUNDI
31
AOÛT

- [ ]
- [ ]
- [ ]
- [ ]
- [ ]
- [ ]

MARDI
01
SEPTEMBRE

- [ ]
- [ ]
- [ ]
- [ ]
- [ ]
- [ ]

MERCREDI
02
SEPTEMBRE

- [ ]
- [ ]
- [ ]
- [ ]
- [ ]
- [ ]

JEUDI
03
SEPTEMBRE

- [ ]
- [ ]
- [ ]
- [ ]
- [ ]
- [ ]

VENDREDI

04

SEPTEMBRE

☐
☐
☐
☐
☐
☐
☐

SAMEDI

05

SEPTEMBRE

☐
☐
☐
☐
☐
☐
☐

DIMANCHE

06

SEPTEMBRE

☐
☐
☐
☐
☐
☐
☐

NOTES

JAN 2021

LU	MA	ME	JE	VE	SA	DI
				1	2	3
4	5	6	7	8	9	10
11	12	13	14	15	16	17
18	19	20	21	22	23	24

FÉV 2021

LU	MA	ME	JE	VE	SA	DI
1	2	3	4	5	6	7
8	9	10	11	12	13	14
15	16	17	18	19	20	21
22	23	24	25	26	27	28

MAR 2021

LU	MA	ME	JE	VE	SA	DI
1	2	3	4	5	6	7
8	9	10	11	12	13	14
15	16	17	18	19	20	21
22	23	24	25	26	27	28
29	30	31				

AVR 2021

LU	MA	ME	JE	VE	SA	DI
			1	2	3	4
5	6	7	8	9	10	11
12	13	14	15	16	17	18
19	20	21	22	23	24	25
26	27	28	29	30		

MAI 2021

LU	MA	ME	JE	VE	SA	DI
					1	2
3	4	5	6	7	8	9
10	11	12	13	14	15	16
17	18	19	20	21	22	23
24	25	26	27	28	29	30
31						

JUIN 2021

LU	MA	ME	JE	VE	SA	DI
	1	2	3	4	5	6
7	8	9	10	11	12	13
14	15	16	17	18	19	20
21	22	23	24	25	26	27
28	29	30				

JUIL 2021

LU	MA	ME	JE	VE	SA	DI
			1	2	3	4
5	6	7	8	9	10	11
12	13	14	15	16	17	18
19	20	21	22	23	24	25
26	27	28	29	30	31	

AOÛT 2021

LU	MA	ME	JE	VE	SA	DI
						1
2	3	4	5	6	7	8
9	10	11	12	13	14	15
16	17	18	19	20	21	22
23	24	25	26	27	28	29
30	31					

SEP 2021

LU	MA	ME	JE	VE	SA	DI
		1	2	3	4	5
6	7	8	9	10	11	12
13	14	15	16	17	18	19
20	21	22	23	24	25	26
27	28	29	30			

OCT 2021

LU	MA	ME	JE	VE	SA	DI
				1	2	3
4	5	6	7	8	9	10
11	12	13	14	15	16	17
18	19	20	21	22	23	24
25	26	27	28	29	30	31

NOV 2021

LU	MA	ME	JE	VE	SA	DI
1	2	3	4	5	6	7
8	9	10	11	12	13	14
15	16	17	18	19	20	21
22	23	24	25	26	27	28
29	30					

DÉC 2021

LU	MA	ME	JE	VE	SA	DI
		1	2	3	4	5
6	7	8	9	10	11	12
13	14	15	16	17	18	19
20	21	22	23	24	25	26
27	28	29	30	31		

Impressum

Feedback:
feedback@mertens-publication.de

Edition : Books on Demand,
12/14 rond-Point des Champs-Elysées, 75008 Paris
Impression : BoD - Books on Demand, Norderstedt, Allemagne
ISBN :
9782322122509

Mertens Ventures Ltd.
Tefkrou Anthia No 2 Office 301
6045 Larnaca
Zypern
E-Mail: kontakt@mertens-publication.de

Dépôt légal : juillet 2019